MAR É SEMPRE BEIRA PRA QUEM TEM MEDO DE FUNDO

fernanda moreira

mar é sempre beira pra quem tem medo de fundo © Fernanda Moreira, 07/2022
Edição © Crivo Editorial, 07/2022

Edição e Revisão: Amanda Bruno de Mello
Foto da Capa: Julia Goulart
Capa: Fábio Brust e Inari Jardani Fraton – Memento Design & Criatividade
Projeto gráfico e diagramação: Lila Bittencourt
Coordenação Editorial: Lucas Maroca de Castro

Dados Internacionais de Catalogação na Publicação (CIP) de acordo com ISBD

M838m   Moreira, Fernanda
             Mar é sempre beira pra quem tem medo de fundo / Fernanda Moreira. - Belo Horizonte, MG : Crivo Editorial, 2022.
             100 p. ; 14cm x 21cm.

             Inclui índice
             ISBN: 978-65-89032-39-7

             1. Literatura brasileira. 2. Poesia. I. Título.

                                  CDD 869.1
2022-2192   CDU 821.134.3(81)-1

Elaborado por Vagner Rodolfo da Silva - CRB-8/9410

Índice para catálogo sistemático:

        1. Literatura brasileira : Poesia 869.1

        2. Literatura brasileira : Poesia 821.134.3 (81)-1

Crivo Editorial
Rua Fernandes Tourinho, 602, sala 502
30.112-000 - Funcionários - Belo Horizonte - MG

- www.crivoeditorial.com.br
- contato@crivoeditorial.com.br
- facebook.com/crivoeditorial
- instagram.com/crivoeditorial
- crivo-editorial.lojaintegrada.com.br

MAR É SEMPRE BEIRA PRA QUEM TEM MEDO DE FUNDO

fernanda moreira

1ª reimpressão

sobretudo, acreditar na palavra.

SUMÁRIO

PREFÁCIO..........................7

UM................................11
DOIS.............................29
TRÊS.............................49
QUATRO........................71
CINCO...........................75

AGRADEÇO....................99

PREFÁCIO

eu ia virar uma esquina, mas travei o passo ao bater o olho numa breve frase escrita num azulejo. ele não parecia pertencer à construção original daquela fachada maltratada, mesmo que, de alguma forma, já se integrasse a ela. alguém o colocara ali. "silêncio é patuá de gente grande", dizia. fiquei um tempo diante da frase e meu silêncio conversou com ela naquela tarde em que fui atravessada pela poesia. esse azulejo único, solitário, discreto e eloquente, delicado e firme, habitando um fragmento de rua na cidade, me fez chegar até a autora desse potente projeto poético: **fernanda moreira**, que muitos conhecem como *"ladrilha"*.

escrevo o nome dela assim porque o nome de uma autora é algo muito importante de se ver por escrito. há uma imensidão contida no ato de estar de pé numa página, portando seu próprio nome. e se eu a conheci criando breves frases para pequenas páginas de cerâmica, pude constatar, ao me aproximar, que o fôlego dela como autora ia muito além de suas sínteses poéticas afixadas em paredes por esse país a fora.

nos muros expandidos que são as páginas de um livro, fernanda ganha espaço para ser extensa e profunda. é de dentro desse mar que ela nos estende a mão para que saltemos a linha que nos mantém na beira enquanto nos contentamos com um banho na espuma rasa, com medo da aventura da vida.

se você não oferecer resistência, sentirá que as palavras dela são como portas que vão se abrindo, uma atrás da outra. em seus fragmentos de conversas que não necessitam de explicação, deslizamos pela liberdade do entendimento que opera através dos mistérios da linguagem. a forma como ela escreve irá levar você para um mundo fluido habitado por imagens, sentimentos, emoções, descobertas, solidões e amores. muitos amores. porque se existe uma palavra que pode resumir toda a escrita da fernanda, essa palavra é AMOR.

amor pela vida. pelo direito de estar inteira nela, do jeito que bem entender – ou mesmo sem entender. apenas sendo, sentindo e seguindo. mas nunca apenas na beira. pule uma onda a cada página e entre, mar adentro, com ela. apenas porque você pode, como a fernanda, ser livre.

BIANCA RAMONEDA
ROTEIRISTA, POETA E ATRIZ

UM

ainda hoje, quando parei de rir sozinha porque todas as minhas calcinhas estão impecavelmente dobradas na gaveta, vi que não é sobre adiantar. já me farto dessa pressa toda. tenho que nada. só comigo que é o compromisso. e com deus – que não abandona filho nenhum. nem dele. nem dos outros. às 14h puxo o colchão para pegar sol. faz umas sombras bonitas e eu fotografo. depois, para a noite, levo de volta ao lugar de dormirmos. eu e o colchão. ele vai obediente e a obediência das coisas me ensina. observo tudo. nem formiga eu mato mais. que não é coisa, é bicho, mas nunca gostei desse bicho. tão miúdo. tão em bando. me apavora assim: o tumulto. agora, na casa nova onde moro, só vi formiga na padaria da frente. dentro mesmo não. talvez, vendo, diante de mim, mate, como tenho matado a fome do doce, a vontade do outro, a vontade de mundo. tenho matado com pausa e com graça. uma reza aqui. coloquei um ponto em volume alto e cantei junto. "qual é meu pai? qual é minha mãe?" ficava teimando de curiosa para dar nome logo aos orixás da minha cabeça. tão menina que eu era quando eles me conheceram. hoje, agorinha mesmo, que já sei deles, penso que o que tiver de saber, eu vou. de resto, não. conhecimento cada um tem seu próprio. não tem que engolir nada à força, ao contrário do que me ensinavam na escola. cálculos. nunca soube. nunca quis. agora, adulta, é bom porque já posso escolher os quereres. escolhi ter uma gata. escolhi me mudar de casa uma semana depois do nosso casamento acabar. meu e dele. disso ainda não escrevo muito. escolhi adotar essa palavra que li num livro: adiante. que não é do verbo adiantar. é do verbo ir. já são 16h18. não tem mais o sol forte visitando a casa e talvez leve o colchão para o lugar de dormir mais cedo. ainda não sei. amanhã queria andar na praia. não posso, mas eu vejo o mar pela janela. se viro a cabeça para o lado esquerdo, o da mão com que escrevo, vejo ele quase todinho. juliane disse que ver o mar de casa é ascensão para nós que nascemos no subúrbio. sempre vou me lembrar disso. adiante. de ir adiante. só que eu sei.

NÁUSEA

quem te escuta falar quer ouvir mais. gênio, me falaram que você é um gênio e que até abençoa. acho engraçado, não desacredito da genialidade, mas prefiro o ordinário de quando a gente ri de alguma coisa. ninguém julga. não falamos alto. também quando abre o peito, quase chora, eu quase cuido. também porque ficamos tão pequenos que nem beiramos a realidade. é só a coisa ali: aérea ou marítima, mas, de todo jeito, no ar ou na água, vagando. na hora é bom, mas, de tanto que balança, embrulha o estômago.

ESTOU EM ESTADO DE ENCANTADA

uma ideia de apaixonamento. acontece assim, sem mais nem menos, um espelho, eu não sei. estado de encantada. não é pra você, queria que fosse. é pra mim. uma palavra no meio do caminho, acertou essa coisa, um coração. qual é o nome que tem aquilo que eu te dei? um sentimento. te dei um sentimento, olha, meu tempo, parte da minha história. quer? te convidei pro baile, aquela dança. você nem sabe dançar. e também não quer aprender. não quer nada. você, que pena, é uma pessoa de poucas ganas e eu quero muito. você mesmo eu quis. aprendi a desquerer foi na marra. todo dia: deus do céu, faça eu me esquecer dele, por favor. deus do céu. deus do céu. deus. por favor. implorei. depois fiquei pensando: será que sou desesperada? eu acho que quando é amor desassossegado assim sempre fica um resto. estado de encantada. e eu queria que você me amasse. eu quase te pedi: me ama. mas isso não se pede, se pedisse eu ia mesmo. escrevia uma carta assim: aos cuidados de – numa folha de caderno pautada. mas você é egoísta e eu sou muito generosa. e é muito pouco desenvolvido e eu já perdi o medo de mim. encantada, esse estado de ir. não tem pausa. percebe que é inesgotável? ouvi uma música sertaneja que diz: primeiro lugar, você some. segundo lugar, vira homem. achei foi bom. movimento, caralho.

15

ter cu. e culhão. e você é fraco. mas estado de encantada, se eu ainda te acreditasse, diria: vai – pra depois aprender o caminho de volta.

TODA MULHER DEVE AMAR UMA MULHER

uma mulher recebeu flores depois de uma noite mal dormida. uma mulher pode mandar flores para outra mulher. é bonito. uma mulher pode aceitar flores de outra mulher e também o beijo de outra mulher. é bom. uma mulher pode aceitar se apaixonar por outra mulher e não saber se é correspondida e depois saber que é e pensar em casar. é palpável. uma mulher pode se entristecer com o erro de outra mulher e brigar com outra mulher e então nunca mais outra mulher. é plástico. também uma mulher pode sentir tesão por outra mulher e amanhã a gente vê isso com outra mulher e continuar vendo depois, mas depois nada. é real. uma mulher pode anunciar que há pausas nas frestas para outra mulher e não saber o que fazer com isso porque das frestas se sabe indo. é convidativo. uma mulher pode sim, outra mulher também. é cabível. toda mulher deve amar uma mulher.

QUASE TE ESCREVI UMA CARTA DE AMOR

todo dia eu arranco a casca e lavo com álcool essa ferida porque, me desculpa, você sabe, a dor é impulso de sobrevivência e doer com hora marcada é hábito que aprendi menina. se você quiser, a gente marca de arrancar a casca juntos e eu te ensino a doer. te digo com letras invisíveis que a vida é tudo o que a gente não toca, por isso, brincar de estancar o próprio sangue com a ponta dos dedos é uma perda de tempo. agora tô rindo porque me lembrei de uma coisa engraçada. também a gente sabe rir à beça de coisas engraçadas ou fazemos nós mesmos as coisas engraçadas e isso é o mais perto que podemos chegar de tocar a vida. ontem aprendi que o sexto chakra conecta com o universo, então, hoje acordei e meditei por vinte minutos, te vi no meio do mar e não entendi se você era deus ou um banhista. desejei que você não fosse deus porque não se transa com deus, mas com banhistas sim. tomei um café bom e depois pensei que não é pecado ver deus e sexo juntos dentro d'água. pecado é não ver.

RUA DIREITA DE SANTO ANTÔNIO

conheci uma menina de nome rosana que ouvia tudo o que os homens falavam sobre ela, mas agia como se não. rosana me trouxe a única coisa que decorei: a homeopatia milagrosa da ignorância.

NÃO SOU DOMESTICÁVEL

um grito
e eu largo isso
que devotaram para mim:
existir com autorização.

CONSTATAÇÃO

cheguei em casa e fui lavar o rosto
que tristeza limpar a boca
não queria limpar a boca
queria você ainda nela

LITERATURA

a coisa da memória, esse desgoverno. quem tem caráter com a memória? adélia prado e lygia fagundes telles, essas duas mulheres que me dão de comer com a palavra, eu agradeço tanto. talvez dê a uma filha o nome de ligia, com i, se eu tiver uma. engraçado foi que, juro, andava pelo jardim botânico, a rua principal, conversava com duas amigas, um homem desses homens malucos passou por mim e bateu no meu braço com a mão, ficou olhando acho que bêbado. a gente esperou ele dar distância, ficamos atrás de uma árvore. e um rato morto depois, muito familiar porque "perdoando deus", o conto da clarice, já dizia isso. foi a mariana que viu: não pisa. é o terror de viver. há um segundo tínhamos visto muita pipoca no chão, me lembrei de omulu, a cura do mundo, mas quem sou eu? se era deus ou não, não sei. agora esse estado de suficiência, não medito nem nada, mas alcanço na palavra. quando a gente quer muito, não tem jeito. teve o homem e o rato, eu só pensei: tô vivendo um conto. agradeci ao animal. eles morrem muito assim atropelados, pobrezinhos, ou maus-tratos com pauladas. uma vez vi um moço tentando matar um rato, eu chorei que o moço parou. 320 milhões de anos e não há injustiça maior do que a que fazem com as baratas. e o que mal dizem, que é bicho sujo. o ser humano, que pretensão. mas elas não se extinguem e não há resposta melhor, na natureza, do que a sobrevivência. essa insistência. eu amo ver barata viva, voando em dignidade. agora, amor de amor romântico, não amo ninguém além de mim. não amo um homem sequer. não me vingo. nada. não choro. suficiente. com essas mulheres todas, com elas é que me emociono. minha professora do colégio, beatriz. eu que queria tocar assim, na palavra, como se fosse física. escrever até que se torne palpável a vida. sonhei que uma criança nascia de parto normal em uma piscina. eu não sei. estou suficiente pela palavra que me salva. e isso é de uma brutalidade vital: quanto mais ela me salva, menos eu quero salvar o mundo.

VALERIANA

me propus embrulhar os dias
num papel de seda bonito e de bom cheiro,
mas eram muitos os dias e o cansaço.
colocar o passado pra dormir,
meu deus, quem há?
enfiei num troço
 – com o cuidado de não rompê-lo –
e foi.

~~te~~
~~amo~~
~~pra~~
~~sempre~~

EU VOU TE DAR UM QUARTZO ROSA

todo dia eu quero te dar alguma coisa. hoje foi um quartzo rosa. porque eu li que é a pedra do amor universal e, imagina só se, além do amor que te ofereço, você estiver garantido sob uma aura cósmica de amor. também já quis te dar um incenso. uma palavra nova. um papel. uma coisa inédita. meus cílios alongados pela tecnologia que faço com os dedos, sem rímel. quis também te dar um término, mas depois desisti. será que conto minhas desistências como oferta? repare: talvez não seja sobre uma garantia cósmica essa ideia do quartzo, mas sobre a minha vontade de te ver. da vulgaridade das coisas superficiais nunca gostei, mas vou fingindo, sabe como? bobagem pura. não gosto e ponto. dia desses sonhei com peixes que viviam fora d'água e se afundavam na lama, os coitados. depois uma vaca. li que é boa sorte sonhar com vaca e decidi repensar o meu consumo de carne. você quer um dia almoçar sem carne comigo? porque podemos tentar uma vez por semana. e depois duas. e depois todo dia. olha, de repente, já não me refiro às possibilidades de ausência da carne, mas às de continuação da gente. do aumento das frequências da gente. de repente, estou falando sobre nos tornarmos uma coisa diária e banal, como é o amor. aquela expressão: abrir as pernas. acham que não é civilizada, mas não é também com elas abertas que se goza e se pare? vamos combinar que, caso caiamos no mar, não temamos a água – e nem a intimidade do que se escancara quando estamos encharcados. todo dia eu quero te dar alguma coisa. de repente, estou pensando sobre a gente ser um quartzo rosa, um sentimento universal e, olha aqui, as minhas pernas não estão fechadas.

A GENTE TÁ INDO PRA ONDE?

eu acho que você podia querer casar comigo sem morar junto e experimentar inverter a banalidade numa coisa mais corajosa que nem a vida é imagina nascer de alguém imagina alguém nascer do que a gente decidisse ser e te falei que por mim eu ia depois pensei talvez acho que ainda te daria um quartzo rosa porque não faz muito tempo eu te ofereci muitas coisas até um livro que quase te escrevo mas você não gosta de mim penso que você não sabe gostar ainda e eu prometi para mim mesma que só posso beijar de língua quem me quer igual desculpa

(se você quiser coloco as vírgulas vamos)

DOIS

AINDA NÃO É TUDO O QUE EU QUERIA TE DIZER, MAS É PARTE.

meu
mergulho
te
atravessa
um
mar

bater palavra
como quem
bate tambor

da cintura para baixo
todas as frestas
me estão ocupadas

vou
me
tirar
pra
dançar
e
vou
aceitar
o
convite

estou
tateando
o
teu
sentimento
com
a
ponta
dos
dedos

telha pro teu hábito
boca para tua língua
corpo para o teu sono

o amor é implícito

amei um homem
que amava outro homem

tenho
um
coração
na
boca

vendo amor. algum uso. ótimo estado.

dentro de mim
é revolução

mulher feliz
é um ato político

peço silêncio
pro amor passar

um furacão
tem teu nome

vou abrir
um
futuro
com a mão

silêncio é
patuá de
gente grande

o amor
é um
sobrevivente

eu andei isso tudo
meu deus
mas quero voltar

TRÊS

SÃO PAULO

gosto
da tua ausência
você
longe
é quando
tá
mais perto

ESPINHEIRA-SANTA

são muitos os entornos dessa hora. os mais "longínquos", ele disse. e a mim também não me restam muitos desejos. "a glória de ser grande não sendo nada" que fernando pessoa falou, uma coisa ou outra e a realidade. agora vou dizer assim, muito triste doer. a coisa de doer porque alguém parecia dizer a verdade, mas não. a mentira é esse fardo que pertence à humanidade, deus sabe. deus é irrevogável. os orixás também. por isso é que não se pode usar em vão o nome do santo. se eu olhasse mesmo as palavras que eu cuido, ferida não teria. porque perder o tempo da vida, que todo mundo vai morrer, com o que não serve: esse é o pecado que a igreja não diz, o pecado de desperdiçar. engraçado é que me tornei obsessiva com a verdade e, quando mentem para mim, meu estômago dói uma gastrite da desonestidade. eu que inventei esse nome assim. gastrite que todo mundo que é enganado tem. aí lembro dos entornos. peço para mim mesma que não subestime o natural porque tudo o que sobra, em vida, é artifício, e eu não quero. também espero que os estômagos se curem – o meu e o do mundo. o resto, o que não cabe, é salvamento e desconfiança.

VITALÍCIO

com o
tempo
aprendi que
pode
ser fácil
afiar
a conversar
essa
emenda de
dois
tua palavra
aponta
um dedo
bem
no meio
do
meu peito
eu
choro porque
depois
de todo
esse
tempo não
desliguei
você de
mim

RESGATE

foi quando mexi na areia funda do peito, esfarelando a solidez dos dias, que peguei o caminho de volta.

PREVISÃO

há
alguma coisa
hálito sêmen espanto?
alguma coisa
em você
que toda
coisa
há

EXISTÊNCIA

que duro
carregar
o fardo
que não
cabe
no tamanho
das minhas
costas

DIA DE SEMANA

são 7h, o sol nem tá muito forte ainda porque, nesse dia, não é verão. um céu laranja ou rosa, que cor? você me vê da areia, eu volto, a gente é feliz. uma areia branca, ela não gruda no corpo, ela não incomoda. voa pássaro, eu amo muito, você também. eu amo muito você também. o mundo tá cabendo no peito e tá sobrando.

MULHER

grávida de mim
quando vi
pari

HÁBITO

vou acordar cedo
para te odiar pela manhã,
ainda com o sol nascendo
bonito
que é pra ter alguma poesia
na falta do amor
que me desperta assim
tão cedo
para te odiar pela manhã
ainda com o sol nascendo
bonito
que é pra ter alguma coisa
que não teu hálito

POVOADO

em vento
de soprar
só
invento
de ser
par

MASCULINO

peço educadamente que cales uma boca, mas são tantas as bocas que calada fico eu.

COPACABANA

você parece uma música
que acabou de tocar na rádio
mas eu não ouço mais rádio
eu só ouvi porque
assim passando
à esquerda do prédio
havia um zum
e aí vi música
como quem nem sabe a que veio
mas tem um barulho dentro
você é um lugar com barulho dentro
um q
um seilá
é meu quarto de criança
etc.

RITUAL

todo dia eu escrevo
uma música pra você
não parece
mas eu também sei fazer
isso que você faz

MELINDRE

você é
um jeito
de gente
intacta

CINCO

me liga e me conta dele. ou de como tem aquela linha de pássaros no céu toda vez que a praia acontece. ou do tempo. ou do dia em que eu parecia menor, mas no fundo era só menos gente que você. ou do orelhão que ninguém mais invoca porque agora se escreve em teclas e não sabemos mais da letra de ninguém. com quantas letras se escreve fim?

NOVEMBRO

de dia,
tínhamos o costume das grandes coisas:
olhar nos olhos sem a palidez das palavras,
tua altura tropeçando na minha,
o seguir dos gestos repousados.

uma preguiça.

GRAÇAS A DEUS

vagava em mim alguma desculpa por
ser tão prévia, como a gente,
que morreu de lucidez na beira da
praia antes mesmo de ter nadado,
porque a verdade
é que eu sempre tive medo de mar.

ÚMIDA

eu ainda tinha o cabelo molhado, e o seu travesseiro também molhado. era horrível dormir com o travesseiro molhado, nunca te disse, mas a culpa de ele molhar é da minha falta de habilidade com as secagens. meus cabelos não secavam. nem eu.

TE AMO

que muda a rotação como a gente se muda um do outro. mas ama como? naquele dia em que seus pés descansavam sobre a cadeira de madeira e você rabiscava alguma coisa num caderno de tempo desconhecido, de repente, já havia ali o café, o chá, você e tudo mais, eu não quis. era p o tamanho, lembro, uma blusa com borboleta que eu queria que você dissesse que era bonita, mas não mais que eu. e que podia me caber, mas não mais que você. tudo assim num gole. não quis o café, nem o chá. o caderno fechado à frente e a sua letra pouco usada comigo porque já há muito gastávamos a fala e as horas e o tempo e a nós mesmos. a boca suja de pasta de dente diante de um espelho quadrado e gigante que se parecia comigo, te sendo inteiro, e uma coisa de falar muito baixinho, de perto, quase que um pacto porque da gente restou a promessa de ser só possibilidade, além da falta.

quando eu voltar, a gente se vê.

SANTA TERESA

tenho te escrito com calma. é quando você me pergunta do tempo do abraço e eu não sei do tempo, eu não sei do silêncio que se esconde nas vírgulas, eu não sei o que fazer com um coração na mão, mas eu digo que sei e entendo quando você só agradece – eu também agradeço e falo muito menos do que gostaria porque tenho em mim alguma cautela que supõe ida com volta marcada. dançar você. me descansa a forma como acerta os passos, me induz para perto e diz que se trata de escolha, mas eu não sei o que é, me parece maior. uma ou duas coisas maiores – ou três. é quando a gente se inicia e se coleciona. penso no desenho da tua letra, nas cartas que ainda virão e acho graça porque a graça é o que o espanto não traz. chamo o teu nome que já se sabe em mim, entrego a ideia da repetição dos dias aos deuses que irão nos cuidar – porque, veja bem, estamos diante da rotina imensurável da afeição, e finjo que não ouço quando ensaia me dizer sobre amor – essa palavra que recebe o cuidado de um recém-nascido, feito a gente. então você me explica das fases e da vida, e dos ímpetos, e me conta uma história bonita sobre como se reza e sobre como nos localizamos um no outro. eu intuo que é tudo isso mesmo. já passa das 3h e é diante de um teto branco que eu começo a te decorar. há urgência, uma quase dívida nas esperas e, ainda assim, o meu descanso diante de nós.

QUATRO

matar a si mesma como quem mata insetos: deselegantemente.

é feita de vácuo essa cidade grande no meu peito.

te amo com a vocação de uma reza: repetidamente.

CINCO

OLHE BEM

a cidade não sabe, mas ela se acende diante dos homens em estado de preocupação. que horas são quando a luz desce? estendo meu verbo para te alcançar em graça e peço: ouve, que te busco por amor ou sorte.

QUADRILHA

depois não diremos mais nada que é para não intimidar o cosmos, você explica. os livros todos espreguiçados no chão, amanhã acordo cedo, penso, perdi um chinelo só. você dorme e ele também, os dois, e eu acordo cedo porque me incomoda a sensação da piscina vazia lá fora – por algum momento eu sinto vontade de abraçar a piscina porque é vazia e intuo que fria por conta do piso. então você fala alguma coisa de estar sol, enquanto ele dorme, mas nem sol é. rimos porque é uma pequena mentira diante do mundo, do tipo de inverdade que é só humor. parece nublado e ouço a história bonita de um cd já esquecido. enxuguei as lágrimas, precisei enxugá-las, se não era fatal que se pendurassem todas na roupa, os pingos, expliquei. chorar se poupando das lágrimas, entende? é pra não ter acúmulos. e você entendia a história dos pingos, e a lógica dos acúmulos, e também a minha inquietação com a piscina. quando ele acordou foi por um instante a paz que não se estabeleceria mais. a paz dos que não são em par.

O AMOR PERDEU AS GOELAS

não se expressa mais
virou sem gesto
o amor
uma sensação
de que ele
sozinho
não diz
a que veio

CORTESIA

vou te dizer um poema em voz alta, um microfone, eu no meio do mundo. no meio do centro. já é um meio. você no meio de tudo. no meio de mim. no meio de mim nem entra, nem vê, nem quer nada. você, olha só, nada demais mesmo. um pouco de vida, respirar ar puro, mas não posso. que horas são para você desistir? todas fechadas: as frestas, as veias, as pernas. as minhas pernas. as minhas pernas já ocupadas demais andando para longe de você. há de ter um vidro, uma transparência, entende? quebrei os óculos, parece piada. de novo. ouvindo uma música bonita para lembrar que a gente foi por pouco. teu jeito e eu quieta no meu canto. obrigada. por favor. com licença. desculpa que eu te esqueci. desculpa que a gente virou educação.

TERMINAR É BOM

quando eu era criança, me apaixonei pelo michael jackson, gostava de fingir que ele era meu namorado ouvindo "remember the time". eu tinha quatro anos. depois, aos seis, me apaixonei pelo romário. aos nove, pelo papa joão paulo ii, mas o papa não foi paixão de homem, foi paixão de filha. e eu nem ia à missa, era a devoção que me atraía. e o ideal de um deus, não acima de tudo, mas acima de mim mesma. o amor, diferente de deus, não tem ideal. também não pode ficar acima da gente, tem que ficar embaixo do queixo, que é quase o corpo todo, mas nunca todo. minha amiga carol disse que tem fascínio por términos. ela me disse isso quando me separei, que terminar é bom, e eu gravei essa frase para repetir em voz alta, às vezes. a gretchen terminou 16 vezes. é misterioso doer de amor e depois amar de novo, sem memória do fim do poço, o corpo sendo essa máquina de sentir intensa, não lembra, não recorda, às vezes lembra no trauma, aí rejeita, depois fica grande demais, a corda te puxa e é só isso que o desejo lembra. eu queria perguntar à gretchen se o amor que ela ama é o amor ordinário, porque é esse o amor que eu quero amar. o amor que pode acabar. meus vizinhos falam como se estivessem brigando, depois riem alto, pedem muita pizza, são dois meninos e eu queria que fossem um casal, mas acho que são irmãos. meu outro vizinho, lucas, que eu sei o nome porque já o ouvi se apresentando ao telefone, "lucas aqui", é músico e psicanalista. gosto quando ele diz "vai no teu possível, e não no teu ideal". não sei se eu seria amiga do lucas porque, quando não está atendendo, ele tá cantando. agora da gretchen, se pudesse, eu seria. duas coisas que eu não explico: bebê crescendo na barriga e desejar o amor depois de sofrer por ele. as duas coisas são muito vivas em essência. se apaixonar depois dos 70. casar no plural. ter filhos e muitos filhos com várias pessoas. tudo isso é o possível. o ideal pra mim é o amor humano, lucas. que eu nem sei qual é. mas não quero amor santo, de santa já basta minha intenção de ser boa. lucas, você sabia que desde criança eu amo e odeio na mesma proporção? me politizei pra odiar sem parecer magoada com a vida. eu li que a mila kunis e o ashton kutcher não tomam banho todos os dias e não obrigam os filhos a tomarem banho. eu não quero obrigar meus filhos a tomarem banho, entende? por isso é que preciso saber o limite entre educar e doutrinar. não é o amor que vai me fazer saber disso. o amor é o que me faz querer ter filhos agora. lucas, escuta: terminar é bom.

EU FIZ TUDO PRA VOCÊ GOSTAR

essa experiência
a experiência dos tempos que correm,
a tudo isso eu vou chamar de respiração.
quando respirei você dentro de mim,
a isso eu chamei de consequência.
foi ontem, parece.
não tínhamos pressa.
te dei um nome de mulher,
um nome de mulher que não me impede de amá-la,
de amar uma mulher.
certamente um nome próprio de duas sílabas.
te chamei a cidade inteira,
mas você não veio.

OFTALMOLOGISTA

me disse que a gente era nítido,
mas eu sou míope.

ESTABANADA

te vejo
me
molho
toda

INTERIOR

esse trajeto de atravessar o mundo a pé
diz que começa assim o amor-próprio
foda que se eu me amar mesmo
não vai caber mais você aqui

NOSSA SENHORA

romper com todos os territórios e os mapas, jogar fora os mapas, pedir uma informação pro moço, não quero pedir. aonde é que fica esse lugar, moço? assim: sair de onde estou só se for pra ir pra não sei onde. beber dois litros de água, sem se esquecer de beber mais, se puder. não ir à praia porque há pessoas em estado de aglomeração. sabe que nem usava essa palavra antes disso? eu mesma não aglomero nada: nem com gente e nem com coisa. jogo tudo fora. até as pessoas eu jogo, meu deus, tenha piedade de mim porque dei pra descartar gente como se despacha antiguidade. e quem há de ter pena do mundo? porque deus mesmo não tem e em assunto de deus eu não me meto. ele que criou, ele que cuide. agora, tem uma coisa: naquele dia em que faltavam quinze para meia-noite e você encheu a minha paciência e me disse palavras muito horríveis, e depois disse assim: agora eu vou lá. agora não vai não. agora me escuta. falei foi coisa e você nem chorou. eu chorei, mas é porque choro mesmo. depois você chorou também, sempre foi muito fraquinho você – não pelo choro não porque acho bonito homem que chora, mas é fraquinho de cabeça. muito perdidinho. imagina que quando falo de você nem consigo não falar no diminutivo porque você é todo assim, que nem uma criança ainda, muito deslocadinho da realidade. achava que da minha casa, em irajá, se via o cristo redentor. eu explicava tipo uma mãe. eu te explicava o mapa da sua cidade e fazia você entender que de onde você veio é uma parte e não o todo. eu acho é graça. homem não tem cu, senhor jesus! e pior: ninguém pode nem tocar no cu deles que já acham que vão deixar de ser homem. nossa senhora da coragem, tirai a covardia dos homens. tirai a covardia dos homens. porque mãe de homem que transo, juro, eu não serei nunca mais.

SEPARAÇÃO

não aprendi
a dividir homem
porque nunca aprendi
a dividir pai

ACORDO I

amar bichos
por amor
amar pessoas
por experiência de vida

ACORDO II

tirar
de
tudo
poesia
calcar
em
tudo
os
próprios
pés

CONTENTAMENTO

imagina
amar
um
pedaço
de
amor
e
achar
que
ele
é
tudo

SALVADOR

vou sonhar
com pontes
rasgar o espaço
pra te ver

PRIMEIRA LEI

não
encolher
para
caber

SINTO TUDO

a poesia é um navegador,
brinco pensando
que me desbrava,
mas, de repente,
sou só eu mesma
à espera.
você vem,
e isso diz muito.

CIGANA

minha casa
sob tua asa
caminho úmido
– linha da mão –
estreito
só quem
ama
passa

APRENDI

não crio raiz
onde minha natureza
não pode se erguer

MACUMBA

minha palavra é magia
de atrair benfeitoria.
e isso é fundamento,
não é poesia.

ALÍVIO

é tudo bem pequeno: a casa, a quantidade das gentes que me cercam, os esforços ao que não me cabe. pequenininho. também em nada há muita coisa porque é no vazio que emergem o infinito e todas as possibilidades. não me quero cheia. doei os excessos das vestes. renomeei os amigos, agora contáveis aos dedos. não me esforço. já há muita força em ser a si. muita coisa há em absolutamente nada e aterrissar na existência dos vazios tem sido a minha maior revolução.

AGRADEÇO

aos meus guias e orixás. à macaia, meu terreiro. também a: juçara moreira, antônio marcos, guiomar moreira (em memória), maria josé, anderson rocha, evelson rocha. bianca ramoneda, juliane araújo, priscilla pach, pedro luis. rosane barreto, pedro amparo, rita de castro, carol garcia, clara buarque, di couto, bruna moreira, carol moraes, julia goulart, mariana jatahy, mayra couto, bethânia lima, luana nogueira, patricia bandeira, vivi oliveira, arlindo hartz, barbara louise, ivan cavazza, fernanda amin, marina ribeiro, antonia gelli, guilherme sanches, dani vargas, patricia esteves, lucas maroca e equipe crivo. em especial à professora beatriz oliveira, aquela que me ofereceu a palavra e a literatura como possibilidade de vida, e a todos que acreditam e torcem pela @ladrilha.

Este livro utilizou a fonte Source Serif Pro. Sua capa foi impressa em papel Cartão Supremo 250g e seu miolo em papel Pólen Bold 90g.
Livro impresso em 2023 pela Crivo Editorial.